Como VIVER a DOIS

Allan & Barbara Pease

Como VIVER a DOIS

Dicas bem-humoradas para entender seu parceiro e melhorar seu relacionamento

SEXTANTE

tradução: André Telles
preparo de originais: Alice Dias
revisão: Ana Grillo, Hermínia Totti e Taís Monteiro
projeto gráfico e diagramação: Valéria Teixeira
ilustrações do miolo e da quarta capa: GABS
capa e ilustração da capa: Silvana Mattievich
impressão e acabamento: Cromosete Gráfica e Editora ltda.

CIP-BRASIL. CATALOGAÇÃO-NA-FONTE
SINDICATO NACIONAL DOS EDITORES DE LIVROS, RJ

P375c Pease, Allan
Como viver a dois / Allan Pease, Barbara Pease
[tradução André Telles]; Rio de Janeiro: Sextante, 2011.
il.

Tradução de: Comment vivre à deux
Compilação das seguintes obras de Allan e Barbara Pease: Why Men Don't Listen and Women Can't Read Maps, e, Why Men Lie and Women Cry

ISBN 978-85-7542-644-9

1. Relação homem-mulher. 2. Casais. 3. Papel sexual (Psicologia). 4. Sexo – Diferenças (Psicologia). I. Pease, Barbara. II. Título.

CDD 306.7
11-0261 CDU 392.6

GMT Editores Ltda.
Rua Voluntários da Pátria, 45 – Gr. 1.404 – Botafogo
22270-000 – Rio de Janeiro – RJ
Tel.: (21) 2538-4100 – Fax: (21) 2286-9244
E-mail: atendimento@esextante.com.br
www.sextante.com.br

Por que os homens só pensam naquilo e são incapazes de fazer mais de uma coisa de cada vez?

SÓ NÓS DOIS! UM CHALÉ! CAFÉ DA MANHÃ NA CAMA! UM BOM LIVRO! PASSEIOS AO AR LIVRE! UMA LAREIRA...
NA CAMA

Quando busca a solução de um problema, o homem prefere se isolar para refletir. Ele acha que muita conversa atrapalha sua concentração.

A crise da meia-idade é um acontecimento totalmente previsível na vida de um homem. Ele compra óculos escuros tipo aviador, pinta o cabelo, troca o carro por uma moto e usa roupas ridículas.

A mulher sabe tudo sobre os filhos. O homem, por outro lado, lembra vagamente que existem uns pirralhos morando na sua casa.

Quando discutir com um homem, nunca o deixe pensar que está errado. Aos olhos dele, estar errado é o mesmo que fracassar.

Homens não toleram críticas. É por isso que preferem se casar com as virgens.

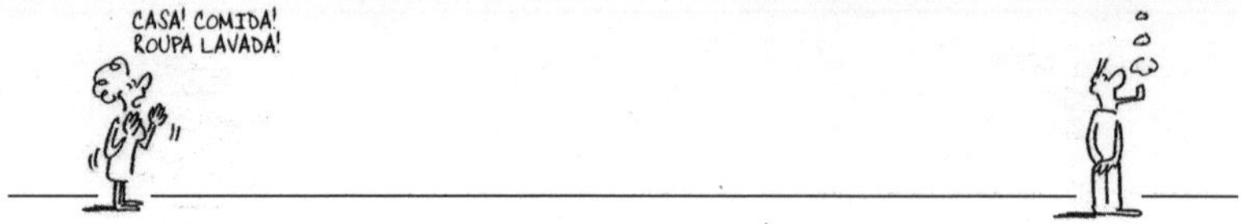

O cérebro masculino é compartimentado: o homem só consegue se concentrar em uma coisa de cada vez.

Se você falar com um homem enquanto ele está fazendo a barba, é bem provável que ele se corte. Se ele estiver colocando um prego na parede e a campainha tocar, a chance de ele dar uma martelada no dedo é grande. Se você fizer uma pergunta enquanto um homem estiver dirigindo, ele certamente vai se esquecer de entrar na rua certa. Todas essas situações constituem excelentes táticas de vingança.

Quando um homem escova os dentes, seu cérebro, programado para fazer uma coisa de cada vez, se dedica inteiramente a essa tarefa. Ele se posiciona junto à pia, os pés a 30 centímetros um do outro, inclina-se um pouco e movimenta a cabeça para a frente e para trás contra a escova, quase sempre no mesmo ritmo da água corrente.

Os homens adoram presentes práticos, como cortadores de grama, chaves de fenda ou aparelhos eletrônicos. Esqueça as meias, as cuecas e as cartas de amor.

Quando estão estressados, os homens ficam calados. As mulheres tendem a interpretar esse silêncio como um sinal de desinteresse ou raiva. Mas o melhor a fazer nessa hora é ignorá-los.

Os homens monopolizam o controle remoto para esquecer suas preocupações.

Sob pressão, os homens bebem e começam guerras. As mulheres comem chocolate e vão fazer compras.

Quando um homem diz, gemendo, "traga uma canja de galinha e um suco de laranja, chame o médico e veja se está tudo certo com meu testamento", isso em geral quer dizer que ele pegou um leve resfriado.

Escolha você mesma as roupas dele para as ocasiões especiais. Além de o cérebro masculino possuir uma capacidade limitada para combinar cores e padrões, um em cada oito homens mal consegue distinguir o vermelho, o azul e o verde. É por isso que identificamos os solteiros com tanta facilidade.

Os homens preferem as mulheres bonitas às inteligentes, pois a maioria deles vê melhor do que pensa.

Os homens quase sempre ignoram os detalhes. Uma tomografia feita no cérebro masculino mostrou que, em repouso, ele neutraliza pelo menos 70% de suas conexões.

A maioria dos homens dorme melhor do lado da cama mais próximo da porta. Dessa forma, assume simbolicamente a defesa da entrada da caverna.

No restaurante, deixe o homem sentar-se de costas para a parede e de frente para a entrada. Assim ele fica mais à vontade e tem a impressão de que está no controle da situação.

Fazer um homem escutar o que você tem a dizer é fácil: avise-o com antecedência, marque um horário e organize a pauta.

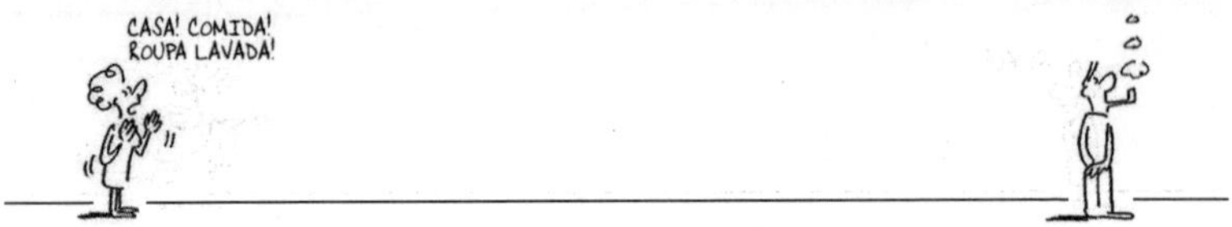

Se quiser que ele vá ao shopping com você, forneça-lhe dados específicos: que tipo de coisas vai comprar, em quais lojas e quanto tempo pretende demorar.

A atenção do homem é unidirecional. Quando o telefone toca, antes de atender ele pede que façam silêncio, baixem o som ou desliguem a televisão.

Os homens não percebem muito bem as variações no tom de voz. Resultado: numa discussão, não entendem quando a mulher diz "Não fale comigo nesse tom!".

Os homens sempre reclamam que as mulheres os interrompem quando eles falam. Estudos demonstram que elas conseguem falar e escutar ao mesmo tempo. Eles, por sua vez, são completamente incapazes disso. Então, deixe-os terminar suas frases.

Para os homens, falar consiste unicamente em expor fatos. Eles veem o telefone como uma ferramenta de comunicação destinada a transmitir informações. As mulheres, por sua vez, usam-no para fazer amigos.

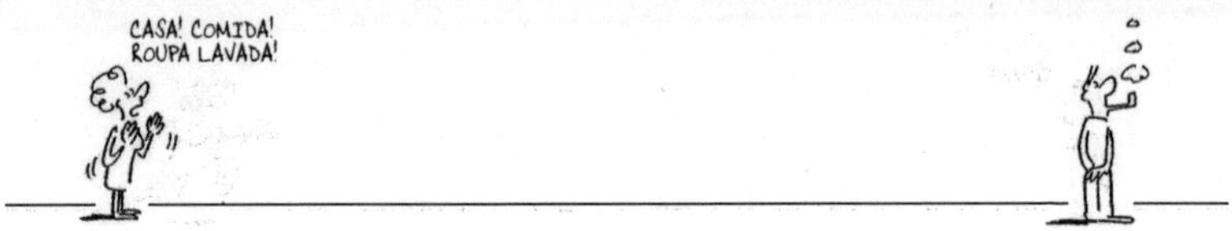

O cérebro masculino

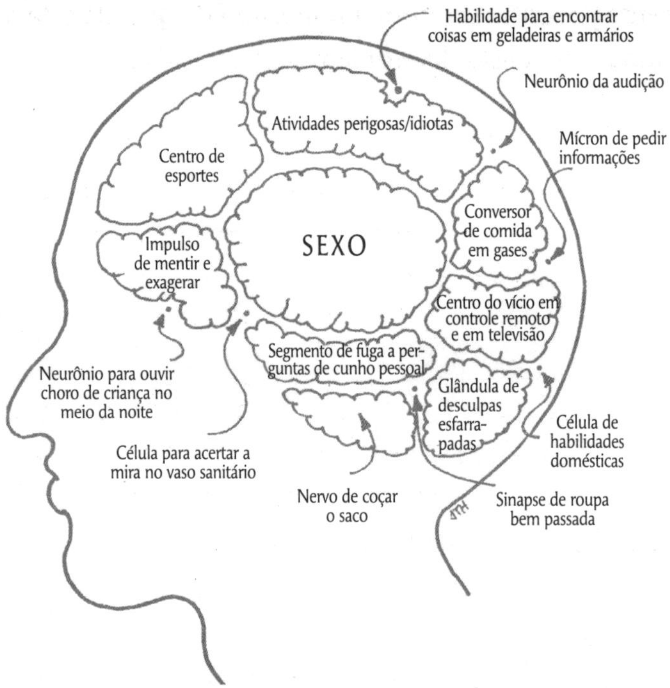

As ameaças do gênero "Nunca mais falo com você" pertencem ao universo feminino. Para um homem, isso não quer dizer absolutamente nada (e não causa nenhum efeito).

Quando a mulher pensa em voz alta, seu objetivo é simplesmente dividir suas preocupações. Mas ao ouvi-la, o homem se sente pressionado, com a impressão de que ela está apresentando uma lista de problemas para resolver.

Deixe claro para o homem se você quer que ele a escute ou que resolva seus problemas. Caso contrário, ele irá sistematicamente sugerir soluções.

Para um homem, o significado das palavras é um instrumento de poder. Por isso, numa discussão, ele sempre tenta definir – em geral, ao pé da letra – o que você fala.

Não se preocupe quando um homem parecer se fechar como uma concha. Ele simplesmente acaba de entrar no modo “solução de problemas”.

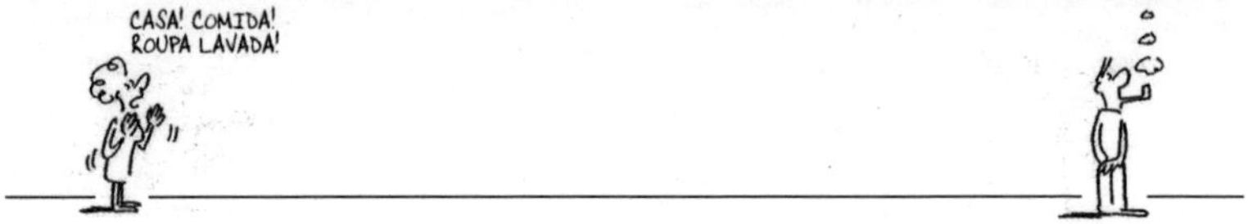

Para expor suas ideias a uma plateia mista, adote um discurso tipicamente masculino. Assim, ambos os sexos conseguirão acompanhar o que você diz. Como os homens têm dificuldade de compreender a complexa linguagem feminina, se não agir assim, você corre o risco de vê-los se desinteressarem rapidamente.

A linguagem não é o ponto forte do cérebro masculino. Pergunte a um adolescente como foi a tarde dele e você obterá um vago: "Legal." Faça a mesma pergunta a uma menina e ouvirá um relato digno de um detetive particular: quem disse o que a quem, as impressões de todos os presentes e, em primeiríssimo lugar, as roupas que as pessoas estavam usando.

Regra básica para conversar com um homem: seja simples! Não atrapalhe o raciocínio dele com vários assuntos de uma vez.

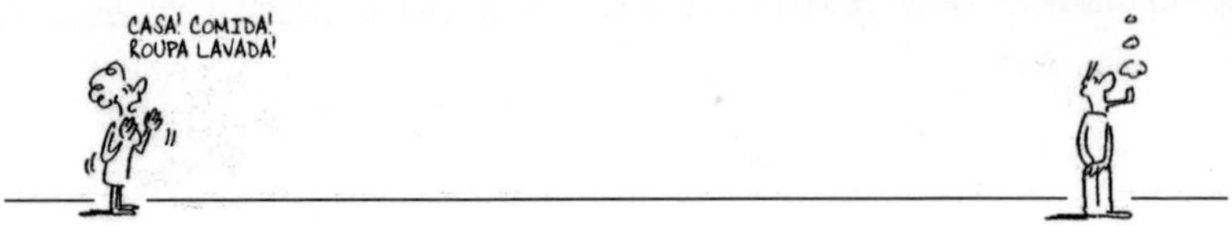

Quando uma mulher começa a enumerar todas as opções e soluções possíveis a respeito de um assunto, o homem fica completamente perdido.

Sob efeito do álcool, o cérebro compartimentado do homem entra em curto-circuito. É por isso que um homem bêbado é capaz de pegar o telefone às duas da manhã e se lançar num discurso sem fim.

Como os homens não conseguem fazer duas coisas ao mesmo tempo, as mulheres geralmente reclamam: "Olhe para mim quando estou falando!"

O homem tem uma visão tipo "túnel". Eis por que quase sempre é flagrado quando olha para outras mulheres: ele é obrigado a virar a cabeça.

As mulheres costumam usar o silêncio como punição. Péssima escolha: os homens adoram o silêncio.

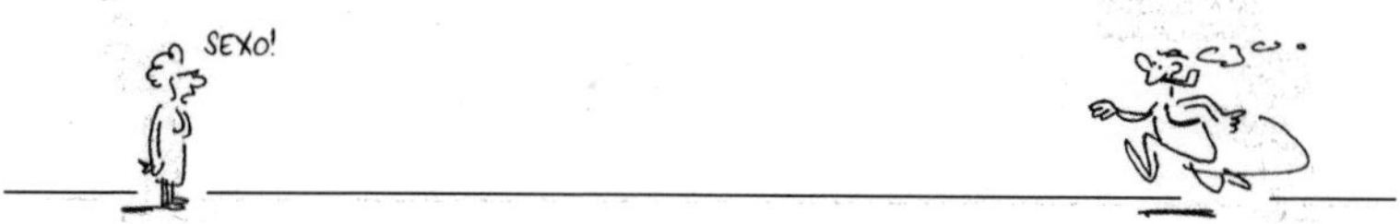

Os homens falam um de cada vez. Então, quando for a vez dele, deixe-o falar.

Nunca tente fazer um homem reconhecer seus erros. Ele acredita que, se admitir que está errado, sua mulher vai amá-lo menos. Explique a ele que, ao contrário, você o amará mais.

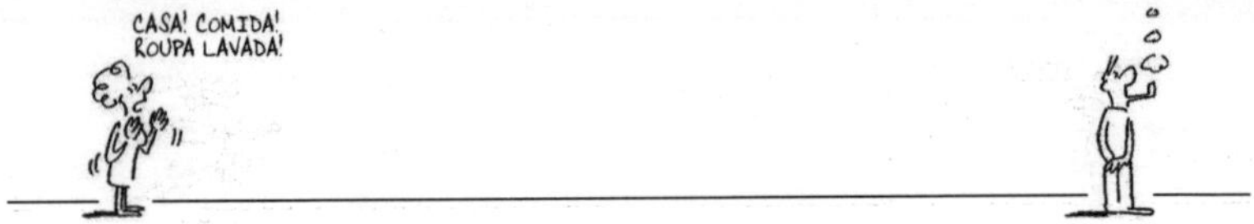

Ler mapas é uma questão de orientação espacial. Tomografias cerebrais demonstraram que essa aptidão é grande nos homens e pequena nas mulheres. Portanto, se um homem lhe entregar um mapa, peça que ele mesmo o desvende.

Por que Moisés passou 40 anos vagando no deserto? Porque se recusava a pedir informações.

A maioria dos homens sabe indicar em que direção fica o norte. A maior parte das mulheres é incapaz disso. Quando um homem lhe der um endereço, peça referências geográficas precisas, do tipo: "Vá até o cinema e vire à direita depois do banco..."

O cérebro do homem consegue visualizar a planta de uma casa em três dimensões. Dessa forma, ele sabe como ficará a construção depois de pronta.

Quando os critérios de seleção para um emprego são orientação espacial e raciocínio matemático, os homens levam a melhor. Não espanta que 91% dos contadores, 99% dos engenheiros e 98% dos pilotos sejam do sexo masculino.

Os garotos adoram seus brinquedos. Aliás, 99% das patentes de brinquedos são registradas por homens.

Os homens adoram geringonças complicadas que os façam usar o setor espacial do cérebro. Basta que a coisa pisque, apite e precise de pelo menos seis pilhas!

Nunca deixe um homem obrigá-la a estacionar o carro. A maioria das mulheres não consegue calcular a distância que separa o para-choque do muro enquanto manobra.

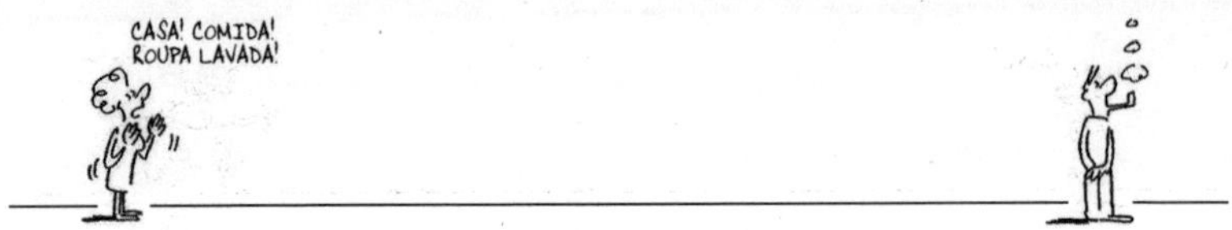

A visão masculina é programada para enxergar a longas distâncias. Por isso os homens são incapazes de encontrar chaves, meias, a manteiga na geladeira... inúmeras coisas que na maioria das vezes estão ao alcance da mão, até mesmo debaixo do seu nariz.

Lute pela igualdade dos sexos. Compre o seu próprio controle remoto.

Os homens tendem a achar que uma mulher de voz grave é mais inteligente e mais confiável. Comece a treinar.

Quando a mulher coloca um vestido novo e pergunta "Que tal?", o homem imagina que ela apresentou um problema que ele precisa resolver.

Para demonstrar autoridade, as mulheres tendem a elevar a voz. Os homens consideram esse artifício um ato de agressão.

Não, os homens não são insensíveis. Simplesmente o cérebro deles não é feito para observar os pequenos detalhes e as mudanças no comportamento ou na aparência daqueles que os cercam.

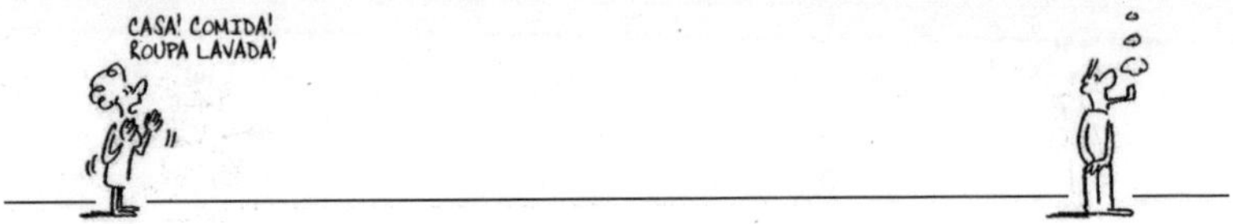

Se você deseja impressionar os homens em suas relações profissionais, guarde seus pensamentos para si mesma e vá direto ao assunto.

Se o seu namorado fala pouco, não se preocupe: para um homem, é absolutamente normal não falar.

Os homens não deixam transparecer suas emoções enquanto escutam. E geralmente têm mais respeito pelas mulheres que demonstram a mesma "inexpressão".

Quando um homem está pensando, podemos achar que está entediado. Mas não se atreva a falar com ele ou dar-lhe coisas para fazer.

No fim de um dia de trabalho, os homens gostam de beber para relaxar. Eles aspiram a uma coisa bem simples: a tranquilidade.

A autoestima de um homem é proporcional à atenção que a parceira dá às investidas sexuais dele.

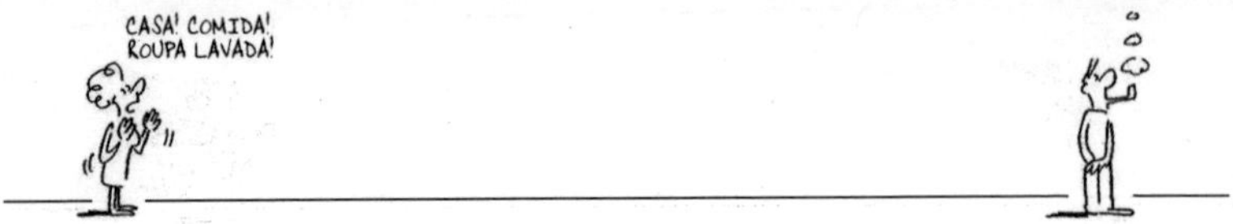

Para provar seu amor, ele escalou as montanhas mais altas, mergulhou nos oceanos mais profundos e atravessou os desertos mais extensos. Ainda assim, ela o abandonou. Ele nunca estava em casa.

A menos que ele peça, nunca dê conselhos a um homem. Em vez disso, diga que tem total confiança na capacidade dele de resolver os problemas.

Quantos homens são necessários para trocar um rolo de papel higiênico? Não se sabe, isso nunca aconteceu.

O paraíso masculino? Três controles remotos e um vaso sanitário com a tábua sempre levantada.

Se você trabalha numa hierarquia predominantemente masculina, restam-lhe duas opções: demitir-se ou agir como um homem.

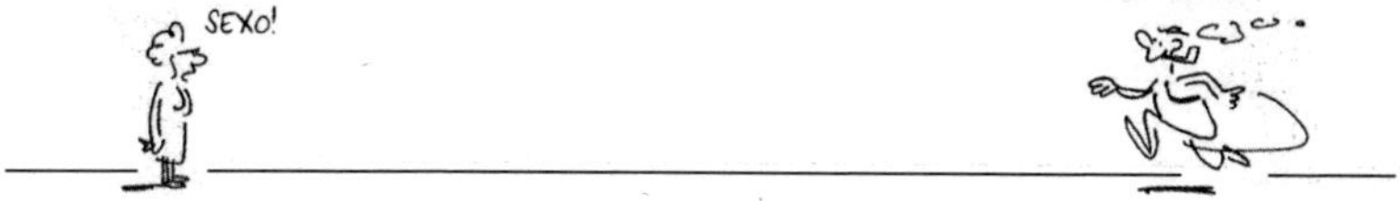

Como manter uma mulher satisfeita sexualmente: acaricie, enalteça, mime, saboreie, massageie, conserte, acompanhe, cante, cumprimente, apoie, alimente, acalme, perturbe, brinque, tranquilize, estimule, afague, console, abrace, ignore as gordurinhas, paparique, excite, pacifique, proteja, telefone...

... adivinhe, beije, aconchegue, perdoe, ajude, divirta, seduza, carregue, sirva, fascine, atenda, confie, defenda, vista, elogie, venere, reconheça, exagere, agarre, entregue-se, sonhe, provoque, recompense, toque, aceite, idolatre, adore.

Como manter um homem satisfeito: já chegue sem roupa.

O cérebro do homem separa amor e sexo. Quando um homem tem uma relação extraconjugal e afirma que isso não tem a menor importância, ele provavelmente está dizendo a verdade.

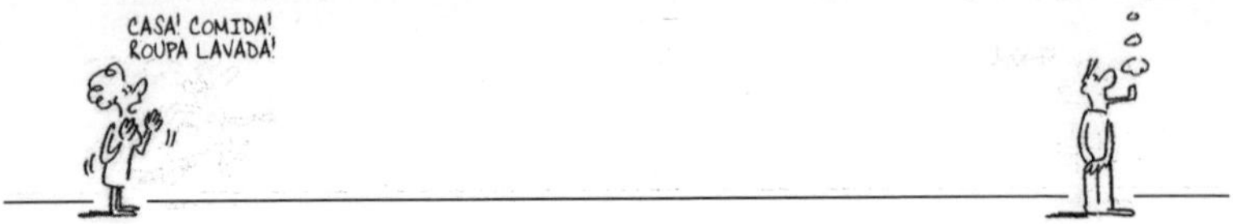

Uma mulher quer muito sexo com o homem que ela ama. Um homem quer muito sexo.

Estudos mostram que as pessoas apaixonadas são mais saudáveis e mais resistentes às doenças do que as demais.

Quando um homem está sozinho no carro, não hesita em parar para pedir informações. Por outro lado, fazer isso na companhia de uma mulher seria admitir seu fracasso.

Explique a ele que seios são coisas tão delicadas quanto testículos.

Os homens dão apelidos ao pênis porque detestam que 99% de suas decisões sejam tomadas por um estranho.

Estudos demonstram que durante o ato sexual o homem está tão concentrado que fica praticamente surdo.

Para os homens, amor é amor, sexo é sexo. Eventualmente os dois acontecem ao mesmo tempo.

Os homens nunca fingem o orgasmo. Eles não teriam coragem de mentir tão cara a cara.

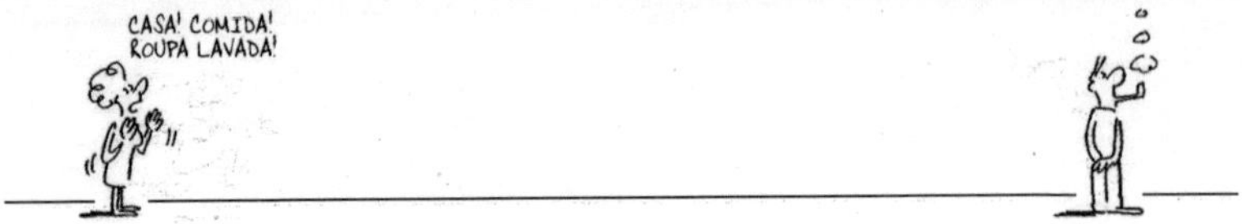

Nove em cada dez relacionamentos amorosos começam por iniciativa do homem. Oito em cada dez terminam por decisão da mulher.

Quando uma mulher espera do homem uma decisão inteligente, deve tratar disso após o sexo, enquanto o cérebro dele está desocupado.

Um homem conta que, certa manhã, foi acordado pela esposa cutucando suas costas com um cabo de vassoura. Quando lhe perguntou por que ela estava fazendo aquilo, a resposta foi: "Só para você saber como eu me sinto."

Uma mulher e um homem depois do sexo:

– Você é um amante medíocre!

– Como pôde formar uma opinião em apenas dois minutos?

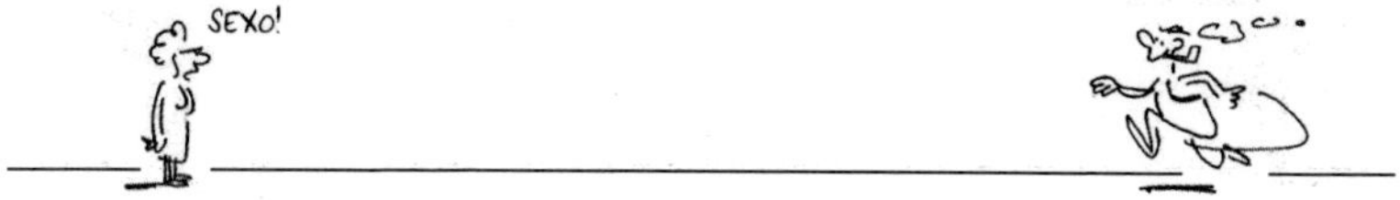

As mulheres preferem os homens de voz grave, pois isso revela um alto nível de testosterona – o termômetro da masculinidade.

Para fazer sexo, as mulheres precisam de um motivo. Os homens só precisam de um lugar.

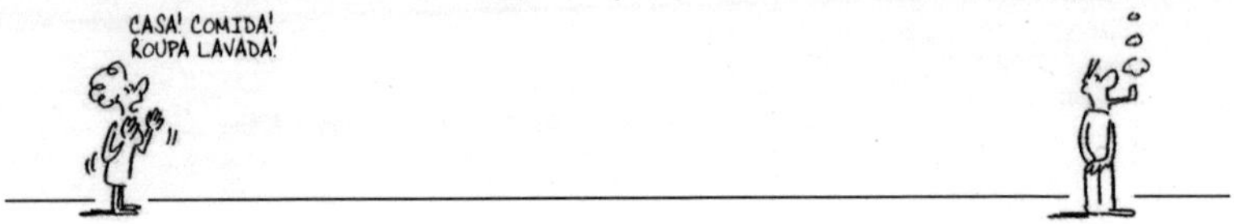

Sexo faz bem para a saúde. Uma média de três relações sexuais por semana permite queimar em um ano cerca de 8.500 calorias.

Por que as mulheres não conseguem ler mapas e falam tanto?

SE FOSSE PARA IR À CASA DA SUA MÃE, VOCÊ CONSEGUIRIA ENTENDER O MAPA!
PRAIA

As mulheres precisam ser vistas. Um homem que não tira os olhos da tevê a noite inteira pode dar à companheira a impressão de que não a ama mais.

Ao lidar com uma mulher irritada, não tente lhe oferecer soluções nem a contrarie. Apenas demonstre que a escuta.

Em momentos de estresse, as mulheres falam sem pensar. Os homens agem sem pensar.

Comporte-se como um amigo. Quando uma mulher está estressada, ela conversa com as amigas. Já um homem estressado prefere lavar o carro ou consertar uma torneira vazando.

Não se desespere quando sua parceira lhe der um conselho. As mulheres acham que trocar conselhos é uma forma de criar uma relação de confiança, não um sinal de fraqueza de uma das partes.

Seja atencioso quando sua companheira estiver angustiada. Nos períodos de estresse, a mulher procura o parceiro para desabafar e ser reconfortada. Já o homem considera a conversa uma interferência em seu processo de busca de soluções e prefere ficar quieto.

As mulheres adoram receber bilhetinhos. Compre um belo cartão e peça a uma amiga que lhe ensine a escrever palavras doces.

Seu salário não importa. As mulheres não abandonam os homens porque estão insatisfeitas materialmente, mas porque não se sentem amadas.

As mulheres adoram o contato físico. Sua pele é mais sensível que a dos homens. Então, não hesite em tocar sua mulher. Mas não fique bolinando-a o tempo todo.

Nos testes de personalidade, a esmagadora maioria dos homens escolhe, para se descrever, adjetivos como: competente, audacioso, competitivo, voluntário, sólido, apreciado e engenhoso. As mulheres, por sua vez, escolhem: calorosa, meiga, generosa, simpática, sedutora, altruísta e gentil.

O cérebro feminino

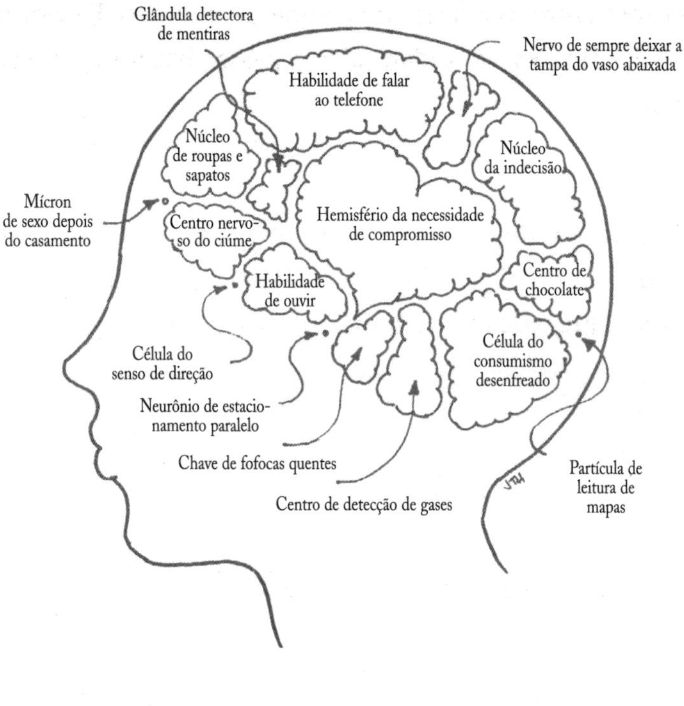

As mulheres raramente são desatentas. Estudos revelam que o cérebro feminino em repouso conserva 90% de sua atividade.

O cérebro feminino tem um corpo caloso 10% mais grosso que o do cérebro masculino, possuindo até 30% a mais de conexões entre os hemisférios esquerdo e direito. Eis por que elas são capazes de andar, falar e passar batom ao mesmo tempo.

Dê bichinhos de pelúcia de presente para as meninas e móbiles para os meninos. O cérebro delas reage a figuras e rostos, ao passo que o deles responde a objetos e formas.

As meninas amadurecem mais rápido que os meninos. Aos 17 anos, a maioria das garotas comporta-se como adulta, enquanto os meninos continuam a pagar mico, a esbarrar nas coisas e a fazer campeonatos de pum.

O cérebro feminino é multifuncional. Uma mulher é capaz de fazer simultaneamente várias coisas sem nenhuma relação entre si: dirigir, ouvir rádio, telefonar e pensar no próximo compromisso. Os homens, em contrapartida, só sabem fazer uma coisa de cada vez.

Num aposento onde estão reunidos 50 casais, em geral a mulher leva menos de 10 minutos para analisar as relações entre as pessoas presentes, saber quem é quem e o que cada um está sentindo.

Para as mulheres, banheiros são como clubes ou divãs. As mais completas estranhas podem sair dali como grandes amigas. Os homens, por sua vez, vão ao banheiro por razões puramente biológicas. Nunca ninguém ouviu um homem perguntar: "Ei, Fred, vou ao banheiro. Você quer vir comigo?"

A maioria das mulheres consegue escovar os dentes ao mesmo tempo que caminha e discute os mais variados assuntos. Elas são igualmente capazes de escová-los de baixo para cima e de cima para baixo com uma das mãos, enquanto com a outra limpam um espelho num movimento circular. Para os homens, isso é difícil, para não dizer impossível.

Deixe as meninas fazerem o dever de casa com a tevê ou o rádio ligado. O cérebro delas consegue administrar a situação. O dos meninos, não.

As mulheres possuem mais células nervosas na retina e uma visão periférica mais ampla do que a dos homens. Isso lhes propicia um arco de pelo menos 45 graus de visão nítida de cada lado da cabeça. Logo, é muito difícil flagrar uma mulher paquerando outro homem.

Pedro assiste ao vídeo do seu casamento de trás para a frente. Dessa maneira, ele consegue se ver saindo da igreja como um homem livre.

O casamento tem um lado bom. Ensina fidelidade, paciência, tolerância, autocontrole e muitas outras qualidades de que você nunca precisaria se não tivesse se casado.

Para melhorar suas relações com as mulheres, fale mais. O silêncio masculino é considerado pelo sexo oposto como falta de interesse, esnobismo ou recusa em participar da conversa.

Durante uma conversa, as mulheres fazem contato físico de quatro a seis vezes mais do que os homens. Não interprete mal o significado disso.

Você acha que sua parceira o interrompe a toda hora? Impressão sua! É que as mulheres são capazes de falar e ouvir ao mesmo tempo. Seus centros cerebrais de fala e audição trabalham simultaneamente.

"Uma vez fiquei sem falar com a minha mulher durante seis meses. Eu não queria interrompê-la."

Para um homem, falar pouco é perfeitamente normal. Em contrapartida, quando um grupo de mulheres fica em silêncio, isso é mau sinal.

Quando uma mulher quer castigar um homem, para de falar com ele. Os homens chamam isso de "tratamento pelo silêncio". Leve a sério a ameaça de uma mulher que exclama: "Nunca mais vou falar com você!"

As mulheres tendem a fazer rodeios e a entremear suas conversas com pequenas dicas sobre o que desejam. É o que chamamos de discurso indireto. Dessa forma, ela estabelece laços com as pessoas e evita ser agressiva e gerar desentendimentos.

As mulheres falam para demonstrar seu interesse e criar laços. Se uma mulher fala muito com você, ela o ama muito. Se fala pouco, é melhor se preocupar.

Quando os homens falam, usam apenas três tons de voz diferentes, enquanto as mulheres utilizam cinco. Isso significa que eles muitas vezes são incapazes de acompanhar a conversa delas.

Para se exprimir, um homem utiliza em média sete mil "signos" por dia. Esses "signos" compreendem palavras, entonação de voz e linguagem corporal. No mesmo intervalo de tempo, uma mulher utiliza mais de 20 mil.

O discurso feminino é totalmente desestruturado: as mulheres costumam falar de vários assuntos ao mesmo tempo, sem nenhuma relação entre si. Para elas, falar é como percorrer as vitrines de um shopping.

Se um homem for vítima de uma lesão no lado esquerdo da cabeça, corre o risco de ficar mudo. Já uma mulher tem chances de continuar a falar, pois dispõe de centros da linguagem nos dois hemisférios.

As mulheres fazem contas em voz alta. Na verdade, a maioria delas resolve problemas matemáticos com o lado esquerdo do cérebro, o que torna os cálculos mais lentos e as obriga a fazê-los em voz alta.

Ao ouvir uma mulher falando, não se esqueça de espelhar suas expressões. Quando a mulher escuta alguém, ela faz em média seis expressões a cada dez segundos para reagir às emoções exprimidas por seu interlocutor.

Não brigue com sua mulher se ela lhe disser para virar à direita quando queria dizer à esquerda. A maioria das mulheres confunde direita e esquerda porque utiliza os dois hemisférios cerebrais para se orientar no espaço.

Quando uma mulher quiser lhe fazer confidências, pergunte se ela prefere que você a escute como homem ou como mulher. Os homens oferecem soluções. As mulheres apenas ouvem e encorajam.

Nunca peça a uma mulher que seja seu copiloto. A leitura de mapas está ligada à capacidade de orientação espacial, que é muito menor nos indivíduos do sexo feminino. O senso de direção do homem é um vestígio de sua época de caçador.

Em viagens longas, os homens devem dirigir à noite e as mulheres, de dia. Eles enxergam melhor à distância e à noite e são capazes de dizer de que lado da estrada pode vir o perigo.

Em geral, as mulheres são mais prudentes no trânsito.

Uma mulher ao volante corre menos risco do que um homem de levar uma batida na lateral, pois sua ampla visão periférica lhe permite acompanhar o tráfego ao seu lado. Em compensação, tem mais chances de bater de frente ou com a traseira ao tentar estacionar.

O que costumamos chamar de "intuição feminina" é essencialmente a capacidade que a mulher tem de observar tudo o que acontece à sua volta.

Para viver feliz, divida o controle remoto com sua mulher.

Leve sua parceira ao restaurante com frequência. Para as mulheres, esse programa serve para aprofundar a relação, discutir um problema, encontrar os amigos. Os homens, por sua vez, veem o lado prático disso: nada de compras, cozinha, louça...

Quando a mulher está infeliz no relacionamento, não consegue se concentrar no trabalho. Quando o homem está insatisfeito no trabalho, não consegue se concentrar no relacionamento.

Se uma mulher pede que você escolha entre o sapato preto e o dourado, jamais responda. Você com certeza vai errar. Em vez disso, pergunte qual deles ela prefere e então explique por que essa escolha é excelente.

As mulheres decodificam o sentido do que é dito através da entonação e da linguagem corporal do interlocutor. O homem pode se valer disso para atrair e prender a atenção delas.

Se uma mulher tem uma relação extraconjugal e diz que o fato não tem importância, é bem provável que esteja mentindo. Para uma mulher, sexo e amor se misturam. É por isso que elas abandonam os homens infiéis.

As mulheres não gostam que os homens pronunciem a palavra "sexo". Use a expressão "fazer amor".

Qual é a diferença entre um terrorista e uma mulher com TPM? Com um terrorista é possível negociar.

O sexo é o preço que as mulheres pagam para se casar. O casamento é o preço que os homens pagam para ter sexo.

O que fascina as mulheres:

1. Romantismo
2. Fidelidade
3. Cumplicidade
4. Intimidade
5. Carícias não sexuais

As mulheres são fundamentalmente monogâmicas. Consideram qualquer relação extraconjugal do parceiro a pior das traições e uma razão suficiente para terminar o relacionamento.

Quem afirmou que o caminho que leva ao coração de um homem passa pelo estômago obviamente mirou alto demais.

Alimente sua mulher. Isso excita os instintos primitivos dela.

As mulheres não têm as mesmas motivações que os homens. Elas procuram uma nova relação em busca de amor. O sexo é apenas consequência.

Na cama, nada de pressa. A libido da mulher funciona como um forno: atinge lentamente sua temperatura mais elevada e demora muito para esfriar.

Nenhum dos afrodisíacos conhecidos no mundo teve sua eficácia cientificamente provada.

Não provoque uma mulher na TPM. Ela corre cerca de cinco vezes mais riscos de se envolver num acidente de trânsito e obtém notas 14% mais baixas do que as demais nas provas de matemática.

Qual é a diferença entre erotismo e tara? Erotismo é quando você usa uma pena. Tara é quando usa a galinha.

Quando um homem acaricia uma mulher, ele o faz à sua maneira: apalpa insistentemente os seios e as nádegas dela. É justamente isso o que as mulheres mais detestam.

Pesquisas demonstram que o índice de orgasmos femininos é de duas a três vezes maior numa relação monogâmica e de quatro a cinco vezes mais alto num leito conjugal.

Aprenda a dançar. As mulheres adoram homens pés de valsa. A dança permite um contato íntimo que pode resultar numa paquera.

Diga que ela é tudo para você. Para que uma mulher fique com vontade de fazer amor, ela precisa se sentir importante e amada.

Dê às mulheres presentes de apelo emocional, como flores ou palavras delicadas. Evite coisas como torradeira ou aspirador de pó.

Dê flores para sua amada. Quando murcharem, compre outras.

Acenda uma lareira. Os homens fazem isso para as mulheres há milhares de anos e elas ainda acham romântico.

Por que os homens mentem?

ESTOU
BONITA?

Por que é tão bom ser homem? Porque você entende a mecânica do carro, porque as rugas parecem lhe acrescentar dignidade, porque você não vai à falência comprando cosméticos ou lingerie e porque, desde que faça algum exercício, engorda menos do que as mulheres.

... Além disso, suas interlocutoras nunca ficam olhando para os seus peitos enquanto você fala e não é preciso sair da sala para retocar a maquiagem.

Uma mulher mente para proteger outra. Um homem mente para se proteger.

Quando sua mulher experimentar um vestido novo e perguntar "Como estou?", não diga apenas "Ótima". Aja como uma das amigas dela. Entre em detalhes. Em outras palavras, responda *por que* ela está ótima e não *como* ela está.

Pequeno dicionário dos padrões de linguagem masculina
O que ele diz... O que ele quer dizer...

"Não consigo encontrar." = Não achei na primeira tentativa, então deve ter sumido.

"Quer que eu ajude no jantar?" = Por que a comida ainda não está na mesa?

"Descanse um pouco, querida, você está trabalhando demais!" = Eu não consigo ouvir a televisão com esse aspirador de pó ligado.

"Vamos chegar atrasados." = Tenho um bom motivo para dirigir feito um louco.

"Você está o máximo com esse vestido!" = Por favor, não experimente mais nenhum. Estou morrendo de fome.

"Sinto sua falta." = Não consigo achar minhas meias, as crianças fizeram uma bagunça enorme e o papel higiênico acabou.

"Entendi!" = Não faço a menor ideia do que você acabou de dizer, mas, pelo amor de Deus, pare de falar.

"Chame a ambulância, vou morrer!" = Cortei o dedo!

A maioria dos homens sabe como é difícil contar uma mentira para uma mulher sem ser flagrado. Se um homem tem que mentir, o telefone é sua salvação.

Lista de sinais que podem indicar que um homem não está dizendo a verdade:

1. Fazer movimentos faciais involuntários: o cérebro tenta impedir que o rosto dê informações.
2. Não manter contato visual: ele desvia o olhar. Para a porta, por exemplo.
3. Cruzar os braços e/ou as pernas: ele se coloca na defensiva.
4. Estreitar as pupilas.
5. Falar rapidamente: mentirosos querem acabar logo com a conversa.
6. Balançar a cabeça indicando "não" quando responde "sim" e vice-versa.
7. Esconder as mãos: os homens acham mais fácil mentir com as mãos nos bolsos.
8. Pronunciar mal ou balbuciar as palavras: um mentiroso acha que, fazendo isso, não está mentindo.
9. Rir exageradamente e demonstrar cordialidade. Ele quer fazer você gostar dele para acreditar no que está dizendo.

Quando uma mulher começa a dar ordens, o cérebro masculino só capta uma coisa: "Alguém está enchendo o meu saco." É como ser torturado com gotas d'água: ele vai se irritando pouco a pouco, até que a mágoa toma conta dele.

Os homens colocam o falatório das mulheres em primeiro lugar na lista de suas queixas conjugais.

O cérebro compartimentado do homem não permite que ele faça amor com você e, ao mesmo tempo, explique por que não colocou o lixo para fora.

Um estudo universitário pesquisou os motivos que levam os homens a se encontrarem num bar depois do trabalho. Eis o resultado:

9,5% deles vão pela bebida,
5,5% vão para encontrar mulheres,
85% vão para relaxar.

Pesquisas demonstram que os homens casados vivem mais tempo do que os solteiros. Algumas chegam a apontar que o tempo parece mais longo para os primeiros.

Para um homem, nada é menos excitante do que comparar a parceira à sua mãe. E, para a mulher, não há nada pior do que passar a vida com um garotinho mimado, egoísta e preguiçoso.

Ao fim de um longo dia de trabalho, um homem precisa de meia hora para se recuperar antes de se sentir pronto para conversar.

Os homens são tão carentes de relações harmoniosas, saudáveis e enriquecedoras quanto as mulheres. Mas eles simplesmente presumem que, quando chegar o momento certo, o relacionamento perfeito cairá do céu sem que tenham de fazer qualquer esforço.

Depois de um dia estressante, o homem recorre ao sexo como sonífero: uma maneira de descarregar as tensões acumuladas. Em geral, quando anoitece, ele vai assediar sua parceira.

Testes demonstram que a inteligência das mulheres é 3% superior à dos homens.

No Dia dos Namorados, os homens em geral compram cartões com mensagens bem longas. Assim, sobra menos espaço para escrever.

Os "maus hábitos masculinos" dividem-se em duas categorias: os que decorrem da educação e os que se explicam por suas conexões cerebrais. Mas nenhum deles é irremediável. Todos os homens são reeducáveis, basta saber como fazer.

Ao contrário das mulheres, os homens adoram as piadas de mau gosto e as que fazem alusão aos seus órgãos genitais. A genitália feminina é capaz de proezas extraordinárias, mas as mulheres não fazem piada com ela nem lhe dão apelidos.

Quando um homem pede a opinião de outro, este último considera a iniciativa um elogio.

Os homens não querem saber o que está passando na televisão; querem saber *o que mais* está passando na televisão.

Os homens nunca se perdem, simplesmente descobrem novos caminhos.

Por que são necessários quatro milhões de espermatozoides para fertilizar um único óvulo?
Porque nenhum deles se atreve a perguntar o caminho.

As mulheres deveriam compreender que não é tão fácil mirar com o pênis. Apesar de todos os esforços, um homem que tenta cuidadosamente acertar o vaso sanitário sempre corre o risco de molhar o rolo de papel higiênico, a perna esquerda ou o sapato.

Um homem é capaz de ficar um tempão com um par de sapatos, um terno e duas camisas. Não muda o corte de cabelo durante anos, até mesmo décadas. E sua carteira dura muito mais.

Para um homem, ir ao mercado é uma obrigação quase tão hedionda quanto fazer exame de próstata.

Um psicólogo britânico descobriu que o nível de estresse a que os homens são submetidos durante as compras de Natal é comparável ao de um policial que enfrenta um grupo de manifestantes violentos.

Deixe sempre que o homem empurre o carrinho de supermercado. Eles gostam de controlar a situação, de dirigir e de utilizar suas capacidades espaciais – velocidade, trajetória, curvas etc. Até mesmo um carrinho com uma roda emperrada, horripilante para você, não o incomodará, porque isso torna mais desafiador o exercício espacial e direcional.

Muitas mulheres têm a impressão de que os homens são programados para comprar roupas pavorosas – e elas não estão de todo erradas. Não seria nada surpreendente se um dia os cientistas descobrissem o gene do mau gosto no homem.

Qual é a diferença entre um homem na crise da meia-idade e um palhaço?
O palhaço sabe que está usando roupas engraçadas.

Por conta da especialização espacial do cérebro masculino, homens e meninos são fascinados por tudo que tem botões, luzes piscantes, motor, que emite ruídos e funciona a pilha: videogames e programas de computador, GPS, jet ski, armas com visor infravermelho, armas nucleares, naves espaciais...

A única diferença entre os homens e os meninos é o preço dos seus brinquedos.

É bom ser homem porque não é necessário sair da sala para coçar o saco.

Os homens deveriam ser proibidos de comer alimentos gasógenos duas horas antes de ir para a cama.

Flatulência
No dicionário feminino: consequência constrangedora da digestão.
No masculino: inesgotável fonte de distração, expressão pessoal e sacanagem com os colegas.

Ocupam o pódio dos hábitos masculinos mais insuportáveis para as mulheres: tirar meleca, arrotar, esquecer de colocar desodorante, usar cuecas furadas e coçar o saco. Mas o número 1 da lista é soltar pum.

Uma piadinha infame que os homens adoram:
Qual é a diferença entre uma puta e uma vadia?
A puta transa com todo mundo. A vadia transa com todo mundo, menos com você.

O cérebro masculino possui uma espantosa capacidade de armazenar piadas. Um homem é capaz de repetir anedotas do tempo da escola e não saber o nome do melhor amigo do filho.

As piadas são tão importantes como meio de comunicação entre os homens que, sempre que acontece uma tragédia mundial, as redes de e-mails são inundadas de piadas. Seja a morte da princesa Diana ou o 11 de Setembro, o cérebro masculino entra imediatamente em ação.

Quase nunca vemos homens chorando em público porque, do ponto de vista evolucionista, quando eles demonstram suas emoções – sobretudo para outros homens –, correm perigo. Ao revelarem sua fraqueza, encorajam os outros a atacá-los.

– Podemos trocar de posição hoje à noite? – ele sugeriu.
– Ótima ideia! – ela respondeu. – Você lava a louça e eu fico deitada no sofá!

Os homens raramente fazem confidências aos amigos sobre sua vida sexual; de maneira geral, se referem a ela com piadas. Já as mulheres preferem contar suas experiências a brincar com o assunto.

Os homens têm a maior dificuldade do mundo para pedir "desculpa" porque esta palavra significa que eles estão errados.

Quando conversam, os homens discutem política, trabalho, esporte, carros e tudo o que se refere à sua aptidão espacial. Um homem nunca perguntará a um amigo: "E aí, como foi o seu dia?"

O esporte permite ao homem se sentir parte de um grupo. Quando vê seus heróis em campo, imagina que é ele quem chuta a bola e marca o gol. Eis a razão pela qual fica tão emotivo durante uma partida e grita tão alto quando seu time faz uma bela jogada.

"Minha mulher ameaçou me largar se eu não abandonasse minha paixão pelo futebol. Vou sentir muito a falta dela."

A paixão pelo esporte explica por que um homem prefere comprar um novo conjunto de tacos de golfe a uma mesa para a sala de jantar e por que se entusiasma mais por garantir os ingressos para o campeonato de futebol do que por reservar um fim de semana num hotel para toda a família.

Nas cabines dos banheiros coletivos, os homens preferem as divisórias que vão do chão até o teto para limitar qualquer interação com os vizinhos, enquanto as mulheres gostam mais de vãos grandes, para poderem conversar e passar objetos de uma cabine para a outra.

Os homens têm um ritual bastante preciso para escolher o mictório. Se há uma fileira de cinco mictórios livres, eles escolherão aquele mais afastado da porta, a fim de ficarem o mais distante possível dos que entrarão depois.

Para um homem, urinar ao lado de outro nos banheiros públicos é quase tão constrangedor quanto se dar conta, dentro do elevador com uma desconhecida, que está de braguilha aberta e bilau de fora.

Desde os tempos mais remotos, os homens são polígamos por uma questão de sobrevivência da espécie. Sempre houve escassez de homens em virtude dos inúmeros mortos nas caçadas e nas guerras, sendo então absolutamente lógico que os sobreviventes integrassem as viúvas a seu "harém".

Uma pesquisa americana revelou que os homens bonitos têm salários entre 12% e 14% superiores aos dos colegas menos agraciados pela natureza.

De todos os primatas, o macho humano é o que tem o pênis maior. Durante milênios, o tamanho do órgão sexual masculino foi associado à sua potência e à sua habilidade como amante, mas o assunto tem mais a ver com a mente do que com o próprio órgão.

Não é que os meninos percam a sensibilidade da pele quando entram na puberdade. Ela simplesmente se concentra em um único lugar.

Os machos humanos são os únicos primatas cujos pelos podem ser mais compridos no rosto do que no resto do corpo. Uma barba de três dias é um forte símbolo de virilidade explorado pelos homens que não querem parecer infantis aos olhos das mulheres.

O corte de cabelo de um homem, seu bigode ou sua barba permanecem quase sempre iguais ao estilo que ele usava na melhor fase de sua vida – frequentemente em torno dos 20 anos.

Recebi um e-mail avisando que minha sogra tinha morrido e perguntando se eu ia mandar enterrar, cremar ou embalsamar. Respondi: “Pode providenciar os três, por favor.”

Qual é a diferença entre um rottweiler e uma sogra?
O rottweiler acaba largando a presa.

Minha sogra veio nos visitar esta manhã. Quando abri a porta, ela perguntou:

– Posso ficar aqui por uns dias?

– É claro – respondi, fechando a porta.

Lembrete para os homens: a melhor época para se cortar o cordão umbilical é ao nascer.

Quando um homem não consegue acompanhar o discurso profissional de uma mulher, em geral ele finge compreender.

As pessoas sedutoras têm cargos melhores, são mais bem remuneradas, inspiram mais confiança e se beneficiam de mais indulgência do que as demais. Veja o caso de Bill Clinton.

Ao exibir fotos de mulheres bonitas para homens, neurologistas constataram que essas imagens estimulavam as mesmas zonas cerebrais que a cocaína e o dinheiro.

Sabe por que os homens não olham nos seus olhos? Porque seus seios não têm olhos.

O que atrai os homens:

1. Silhueta atlética
2. Boca sensual
3. Seios fartos
4. Pernas longas
5. Quadris redondos e cintura fina
6. Nádegas bem torneadas
7. Olhos atraentes
8. Cabelos longos
9. Nariz pequeno
10. Barriga reta
11. Costas arqueadas
12. Pescoço alongado

Os homens gostam quando as mulheres usam batom e pintam os olhos, dois sinais artificiais que indicam que estão interessadas no parceiro.

Um homem escolhe a esposa pela virtude e a amante pela beleza.

A visão de uma mulher de pernas longilíneas sempre causa forte impressão num homem. Por que isso constitui um sex appeal feminino? Simplesmente porque dirige a atenção para o lugar onde as pernas se encontram.

O que os homens apreciam, acima de tudo, é um belo sorriso e uma expressão vulnerável. Para que uma mulher seja classificada como "bonita", o critério determinante é simples: ela deve ter uma fisionomia infantil. Esse tipo de sinal desencadeia o instinto protetor do homem, que sente vontade de tocar, abraçar e acolher.

Considerando a importância dos sinais visuais no universo masculino, o homem mede inconscientemente o respeito e a afeição que uma mulher tem por ele pelo cuidado que ela dispensa à própria aparência. Para ele, quando a mulher leva muito tempo se arrumando, pretende seduzi-lo.

O homem valoriza as realizações. A mulher valoriza os relacionamentos.

O que os homens procuram para uma noite:

1. Boa aparência
2. Um corpo bonito
3. Um belo par de seios
4. Nádegas bem torneadas

O que os homens procuram para a vida:

1. Uma personalidade forte
2. Um corpo sedutor
3. Inteligência
4. Bom humor

Para o homem, uma mulher com senso de humor não conta piadas, ri das dele.

– Você ainda me amará quando eu estiver velha e feia?

– Não só amarei – ele respondeu – como lhe escreverei muitas cartas.

Os homens ficam extasiados com seios fartos e as mulheres adoram bíceps musculosos. Mas estudos mostram que a escolha de um companheiro de longo prazo tem mais a ver com o espírito do que com a matéria. Em outras palavras, seja interessante e ninguém notará seus pequenos defeitos.

A libido masculina lembra um forno de micro--ondas: atinge a temperatura mais alta rapidamente e esfria na mesma velocidade.

Aposentar-se é saber todas as respostas, mas não ter ninguém que faça as perguntas.

A velhice chega quando as velas passam a custar mais caro do que o bolo.

Dentro de todo velho reside um jovem se perguntando o que diabos aconteceu...

Definição de homem: a parte de carne inútil ao redor do pênis.

Por que as mulheres choram?

ESTÁ CERTO! VOCÊ CHORA,
A CULPA É MINHA,
EU FAÇO O QUE VOCÊ QUER.
PRONTO, VOCÊ VENCEU!
INSENSÍVEL...

Ser mulher é genial porque você pode falar com pessoas do sexo oposto sem despi-las mentalmente, os táxis param quando você faz sinal e, se você souber como agir, seu chefe ficará intimidado pelo seu ciclo menstrual e a deixará em paz uma semana por mês.

Uma mulher se preocupa com o futuro até se casar. Um homem começa a se preocupar com o futuro na hora em que se casa.

As mulheres frequentemente cometem o erro de supor que, pelo simples fato de serem amadas, são também compreendidas. Na verdade, isso é muito raro de acontecer. Não é à toa que os dois sexos são ditos "opostos": na vida cotidiana, estão em confronto constante.

Se uma mulher esbofeteia um homem em público, todo mundo acha que o culpado é ele.

As glândulas lacrimais das mulheres são mais ativas do que as dos homens, característica nada surpreendente se levarmos em consideração a grande diversidade de reações emocionais inerentes ao cérebro feminino.

"**U**ma mulher precisa conhecer apenas um homem para compreender todos; já um homem pode conhecer todas as mulheres e não compreender nenhuma."

Helen Rowland

As mulheres querem homens sensíveis, mas não sensíveis *demais*. Para os homens, essa sutil distinção é um mistério. No entanto, tudo é muito simples: o homem ideal deve ser solidário com os sentimentos de sua companheira e ao mesmo tempo permanecer forte e viril.

As mulheres são capazes de falar de várias coisas diferentes ao mesmo tempo e recorrer a cinco entonações para mudar de assunto ou enfatizar determinados pontos. Aptos a identificar apenas três dessas entonações, os homens perdem frequentemente o fio da meada quando conversam com uma mulher.

Para castigar um homem, a mulher se cala. Para ele, isso é um alívio.

Comunicação

No dicionário feminino: partilhar pensamentos e sentimentos com seu parceiro.

No masculino: rabiscar um bilhetinho às pressas antes de sair com os amigos.

As mulheres gostam de homens que percebem o que elas sentem sem que precisem dizer explicitamente. Imaginam que basta deixar escapar num bocejo "Humm, estou exausta, preciso ir para a cama", para que o outro se dirija até o banheiro, lave o rosto, coloque o pijama e se enfie debaixo dos lençóis, cheio de ternura e desejo.

Mas, na maioria das vezes, isso não acontece. Na verdade, ao ouvir a mulher dizer que está exausta, o homem concorda com a cabeça, vai até a cozinha, pega uma cerveja e deita no sofá, com o controle remoto na mão. Sozinha na cama, a mulher acaba dormindo com a sensação de que não é desejada nem amada.

As mulheres tendem a tratar seus parceiros mais como garotinhos do que como adultos. Ao que os homens respondem comportando-se efetivamente como crianças.

No fim do dia, as mulheres gostam de relaxar assistindo à TV, sobretudo a programas que tratem de relações humanas e que as toquem emocionalmente.

O cérebro feminino é programado para decifrar as palavras e a linguagem corporal dos atores. Quando acompanham uma novela, as mulheres gostam de prever as mudanças nas relações dos personagens.

Volta e meia as mulheres acusam os homens de estarem distantes durante as conversas. Eles ficam desorientados com essa queixa, pois acreditam que sua presença física basta. Estão enganados: as mulheres também precisam (e muito) da presença emocional.

Se uma mulher está preocupada com um problema, ela não consegue se concentrar em outra atividade para escapar dele. Seu cérebro continua atormentado e ela precisa desabafar com alguém para se livrar da angústia.

As mulheres enchem os ouvidos dos homens por causa de detalhes: "Não largue a toalha molhada na cama!", "Não deixe suas meias sujas espalhadas pela casa!", "Não se esqueça de tirar o lixo à noite..." Elas sabem que são maçantes, mas estão convencidas de que a única maneira de educá-los é repetir incansavelmente a mesma coisa, na esperança de um dia serem ouvidas.

Uma mulher escolhe a roupa que irá vestir levando em conta o clima, a estação, a moda, seu estilo, o lugar aonde vai, seu humor no dia, a pessoa que irá encontrar e o que irá fazer. Um homem apenas dá uma rápida olhada em volta e pega a roupa que atirou no encosto da poltrona no dia anterior.

"**F**ico de mãos dadas com a minha mulher o tempo todo. Se eu soltar, ela vai às compras."

Allan Pease

O órgão genital masculino, pendurado numa posição vulnerável (mais uma prova de que Deus é mulher), é uma fonte inesgotável de piada para os homens. O humor feminino gira em torno de comportamento, relacionamentos e homens.

Exemplos de piadas femininas:

O que dizer a um homem depois de fazer amor?
Qualquer coisa. Ele já vai estar dormindo mesmo!

Qual é a definição de amante ideal?
Um homem que faz amor até as duas da manhã e depois se transforma em uma barra de chocolate.

As mulheres nunca se esquecem de nada, principalmente quando diz respeito ao placar de erros e acertos do marido no relacionamento.

A maioria dos homens ignora completamente o fato de que a companheira dá nota para suas atitudes no dia a dia. Eles nem desconfiam da existência desse sistema de avaliação, podendo acumular notas baixas sem terem a menor ideia do que fizeram de errado.

Para alcançar uma meta, os homens utilizam uma abordagem direta, bem planejada. As mulheres preferem fazer chantagem emocional.

"**O**s homens são todos iguais. Apenas seus rostos são diferentes para que possamos distingui-los."

Marilyn Monroe

Se você faz absoluta questão de ter informações sobre a saúde, a carreira e as relações afetivas de sua família ou de seus amigos, nunca confie nos homens para obter as respostas – pergunte às mulheres.

Compromisso
No dicionário feminino: desejo de casar e constituir uma família.
No masculino: impossibilidade de paquerar outras garotas na presença de sua mulher ou de sua namorada.

Para uma mulher, se ela sai com um homem há algum tempo e nenhum dos dois tem outro caso, eles formam um casal. Mas, para a maioria dos homens, este conceito é incompreensível. Quando a mulher pergunta, entre soluços, "Mas o que ele pretendia quando aceitou me encontrar de novo?", a resposta é: absolutamente nada.

Se o seu parceiro é fanático por esportes ou tem um hobby, você tem duas opções:

Primeira: aprenda o máximo possível sobre a paixão dele, torne-se imbatível no assunto. Se você acompanhá-lo a um jogo, ficará surpresa ao constatar que não é a única mulher a apreciar o ambiente dos estádios.

Segunda: aproveite a obsessão dele por esportes para passar um tempo com suas amigas ou com sua família, fazer compras ou arranjar um novo passatempo.

As sogras representam um problema real nos relacionamentos, sendo citadas como a causa de um terço dos rompimentos. Na maioria das vezes é a mãe do homem que cria mais dificuldades.

Qual é a diferença entre a sogra e o urubu?
O urubu espera você morrer para devorar seu coração.

Adão e Eva formavam o casal mais feliz do mundo, pois nenhum dos dois tinha sogra.

Qual é a única coisa que uma sogra gosta no genro?
A mulher dele.

Minha sogra e eu fomos felizes durante 20 anos. Depois nos conhecemos.

As diferenças de desenvolvimento das funções da linguagem no cérebro feminino e no masculino justificam o fato de certos distúrbios da fala variarem de maneira significativa de um sexo para o outro: os homens sofrem de três a quatro vezes mais de gagueira que as mulheres, e dez vezes mais de dislexia grave.

Duas mulheres podem passar o dia inteiro juntas e depois conversar durante uma hora pelo telefone. O que certamente provocará a seguinte reação no homem: "Você não podia ter falado tudo isso quando estava com ela?"

O cérebro feminino pode produzir entre seis mil e oito mil palavras por dia. Comparadas ao máximo de duas mil a quatro mil palavras pronunciadas diariamente pelo homem, dá para entender por que este é um assunto que cria tantos problemas aos casais.

Dicionário das expressões indiretas femininas:
"Tudo bem." Uma mulher diz isso no fim de uma discussão quando está convencida de que tem razão e quer que o homem se cale.
"Cinco minutos" representa cerca de meia hora. É o equivalente aos cinco minutos que faltam para terminar a partida de futebol antes que um homem resolva colocar o lixo para fora.
"Nada" significa qualquer coisa. Quando você pergunta a uma mulher o que ela tem e ela responde "Nada", em geral você está a um passo de ser estrangulado. "Nada" normalmente designa o início de uma discussão que vai durar "Cinco minutos" e terminar com "Tudo bem".

Dicionário das expressões indiretas femininas *(continuação)*:
"Vá em frente!" (com um franzir de sobrancelhas) é um desafio, que terá como consequência a mulher ficar zangada por "Nada" e concluir a discussão com "Tudo bem".
"Vá em frente" (sem franzir as sobrancelhas) significa "Desisto" ou "Faça o que quiser, não estou nem aí". Essa expressão geralmente é repetida alguns minutos depois, dessa vez com um franzir de sobrancelhas, ao que se seguirão um "Nada" e um "Tudo bem". Ela lhe dirigirá novamente a palavra dentro de "Cinco minutos", quando tiver se acalmado.

Dicionário das expressões indiretas femininas *(continuação)*:
Um grande suspiro significa que ela o considera um idiota e se pergunta por que perde tempo conversando com você a respeito de "Nada".
"Não tem importância" indica que ela ainda vai levar um tempo pensando em como você irá pagar pelo que fez. Uma hora ou outra, num futuro próximo, você vai ter que arcar com as consequências.

Não é que as mulheres sejam intrometidas... É que seu instinto de sobrevivência a longo prazo as leva a querer conhecer todas as pessoas do seu grupo, a saber o que cada uma faz e em que pode lhe ser útil.

As mulheres sabem reconhecer quando uma relação chegou ao fim, razão pela qual são elas, em geral, que colocam a pá de cal.

O exagero dá um tempero às conversas femininas.

Se você é homem, lembre-se da necessidade feminina de exagerar em uma conversa de natureza afetiva e não leve ao pé da letra tudo o que sua parceria diz. Nunca a critique por fazer drama e evite contradizê-la na frente dos outros.

Um estudo confirmou que a maior fantasia das mulheres é ter dois homens ao mesmo tempo: um lavando a louça, outro fazendo a faxina.

A dança sempre foi considerada pelas mulheres uma preliminar para o sexo. Cavalheiros, corram para as aulas de dança. Os homens que sabem cozinhar e dançar (não necessariamente ao mesmo tempo) são os que fazem mais sucesso.

Os homens não entendem por que as mulheres querem ir até o fim numa discussão, principalmente quando já é tarde da noite. Eles preferem desistir da briga e pensar em outra coisa. Para a maioria dos homens, falar é a melhor maneira de piorar a situação.

Fazer amor
No dicionário feminino: a mais elevada forma de intimidade de um casal.
No masculino: não importa o que significa, desde que se faça.

Goste ou não, a aparência física tem influência direta sobre nossa capacidade de seduzir e manter um parceiro. De acordo com as estatísticas, as pessoas que conhecemos formam 90% de sua opinião sobre nós nos primeiros quatro minutos depois de sermos apresentados e em menos de dez segundos elas decidem se parecemos desejáveis ou não.

Estudos revelaram que o comprimento dos vestidos e a altura dos saltos variam com o ciclo menstrual. Quando está ovulando, a mulher escolhe inconscientemente vestidos mais reveladores e saltos mais altos.

Nada como folhear uma revista feminina para se sentir feia.

O discurso indireto em casa.

Quando uma mulher diz... Ela quer dizer...

"Precisamos conversar." = Estamos com problemas.

"Precisamos..." = Quero...

"Lamento." = Você vai lamentar.

"Não estou chateada." = Estou uma fera.

"Você resolve." = Apenas concorde comigo.

"Você tem que aprender a se comunicar." = Você tem que concordar comigo.

"Você me ama?" = Quero alguma coisa.

"Você me ama de verdade?" = Fiz uma coisa de que você não vai gostar...

"Seja romântico, apague a luz." = Não quero que você veja minhas coxas flácidas.

"**S**ex appeal é 50% o que você tem e 50% o que os outros pensam que você tem."

Zsa Zsa Gabor

"**D**epois que nos casamos, minha esposa parou de se cuidar." Os homens, em sua maioria, ficam decepcionados ao ver que sua mulher só se arruma para o trabalho. Para as mulheres, essa maneira de pensar é difícil de compreender, pois seu amor não diminuirá caso o homem da sua vida fique barrigudo.

"**N**ão existe mulher feia, existe mulher preguiçosa."

Helena Rubinstein

A aparência física de uma mulher pode atrair ou repelir um homem a qualquer altura do relacionamento. Este é um fato que irrita muito as mulheres. Elas acham injusto que um homem cheio de rugas e com cabelo grisalho seja considerado distinto e sensato, enquanto elas são simplesmente vistas como velhas.

Peça a qualquer mulher para fazer uma pose sexy e seu primeiro gesto será empinar o bumbum e requebrar os quadris. Não acredita? Experimente!

Para uma mulher, a simetria do corpo do homem é mais importante que a do rosto. Por isso é que os lutadores de boxe costumam conquistar mulheres tão bonitas.

O que atrai as mulheres:

1. Corpo atlético
2. Peito e ombros largos e braços musculosos
3. Bunda pequena e firme
4. Cabelo farto
5. Boca sensual
6. Olhos bondosos
7. Nariz e queixo fortes
8. Quadril estreito e pernas musculosas
9. Abdômen definido
10. Pênis grande
11. Barba de três dias

Muitos homens e mulheres consideram o tapa no bumbum um estimulante sexual. A vermelhidão das nádegas assemelha-se ao estado de excitação sexual da mulher e a estimulação das terminações nervosas da região é transmitida aos genitais. Em outras palavras, quando uma mulher bate no bumbum do homem, ela na realidade o está incentivando a ter uma ereção.

O que as mulheres buscam num homem:

1. Personalidade
2. Humor
3. Sensibilidade
4. Capacidade intelectual
5. Corpo saudável

100% dos divórcios começaram com um casamento.

A mulher deseja um homem que seja terno, carinhoso e comunicativo, mas também forte, robusto e masculino. O problema é que ela não pode tê-lo, porque ele já tem namorado.

Para algumas mulheres, é apenas um careca. Para outras, é uma máquina de fazer sexo.

A primeira pergunta que os homens fazem e que leva as mulheres a mentir: “Foi bom para você?”

As mulheres conseguem lembrar qual foi a mentira que contaram e a quem contaram, ao passo que os homens geralmente esquecem suas mentiras. O hipocampo – a parte do cérebro usada na linguagem e no armazenamento e recuperação da memória – está cheio de receptores de estrogênio e se desenvolve mais rapidamente nas meninas do que nos meninos.

As mulheres gostam de homens de personalidade forte, que sabem fazê-las rir, que são sensíveis às suas necessidades, que têm ambição e que levam a vida numa boa. Se quiser agradá-las, vai ser preciso arregaçar as mangas.

As pessoas dizem que gostam da verdade, mas na realidade querem acreditar que aquele que amam é digno de confiança.

No trabalho, as mulheres desejam relacionamentos e cooperação, enquanto os homens almejam poder e status social.

O desejo sexual na mulher aumenta progressivamente até atingir seu pico entre 36 e 38 anos, o que explica a atração que os rapazes inspiram nas mulheres maduras.

Os homens nunca compreenderão as mulheres e as mulheres nunca compreenderão os homens. E esta é a única coisa que homens e mulheres jamais irão compreender.

CONHEÇA OUTROS TÍTULOS DE ALLAN E BARBARA PEASE

DESVENDANDO OS SEGREDOS DA ATRAÇÃO SEXUAL

Nesse livro bem-humorado e esclarecedor, Allan e Barbara Pease revelam a verdade sobre homens e mulheres, colocando em foco os aspectos mais críticos e intrigantes do amor e do sexo.

Eles transformaram os resultados das mais avançadas pesquisas na área em uma leitura divertida e útil a todos os que desejam entender e vencer os desafios das relações amorosas.

As informações reunidas aqui vão ajudar solteiros que estão em busca de um par, casais que precisam de orientação e aqueles que desejam manter o parceiro sempre feliz e colher os frutos que isso proporciona.

Acima de tudo, esse é um livro imprescindível para qualquer pessoa que queira obter o máximo do seu relacionamento. Ele fornece as respostas que homens e mulheres estão loucos para ter há muito tempo.

Segredos que você desvendará aqui:

- O que homens e mulheres querem do amor e do sexo.
- Como encontrar "a pessoa certa" e ser feliz ao lado dela.
- Como agir quando não há química na relação.
- O que excita homens e mulheres e o que destrói sua motivação para o sexo.
- Como mudar sua vida amorosa.
- Que atitudes tomar para que a parceira deseje fazer sexo com mais frequência.
- Como recuperar seu charme pessoal.
- Como lidar com a infidelidade.

DESVENDANDO OS SEGREDOS DA LINGUAGEM CORPORAL

Um gesto vale mais do que mil palavras. Provavelmente você já ouviu essa frase, mas talvez não tenha se dado conta de quão verdadeira ela é. Em *Desvendando os segredos da linguagem corporal*, Allan e Barbara Pease esclarecem que 93% da comunicação humana é feita através de expressões faciais e movimentos do corpo.

Quando aprendemos a prestar atenção em nossa linguagem corporal e a interpretar corretamente a dos outros, passamos a ter maior controle sobre as situações, pois podemos identificar sinais de abertura, de tédio, de atração ou de rivalidade e agir de forma adequada aos nossos objetivos.

Com bom humor e uma sólida base científica, os autores explicam o significado real de gestos que usamos no dia a dia, como cruzar os braços, coçar o nariz e balançar a cabeça, evitando os habituais mal-entendidos causados pela contradição entre o que dizem nossas palavras e nosso corpo.

Esse guia fundamental ensina como melhorar os relacionamentos, aumentando nossa capacidade de comunicação e de entendimento com as pessoas. Além disso, você vai descobrir como:

- Causar uma impressão positiva.
- Ser bem-sucedido em entrevistas e negociações.
- Saber se uma pessoa está disponível.
- Criar vínculos rapidamente e obter a cooperação de alguém.
- Tornar-se uma pessoa agradável e sociável.
- Saber se uma pessoa está mentindo.
- Ler nas entrelinhas.
- Usar a linguagem corporal para conseguir o que deseja.
- Reconhecer sinais amorosos e jogos de poder.

Por que os homens fazem sexo e as mulheres fazem amor?

"Esse livro é leitura obrigatória para todos os homens e mulheres que se amam, se odeiam ou simplesmente convivem. Você vai aprender sobre si mesmo, sobre o sexo oposto e como melhorar seus relacionamentos."

Dr. Denis Waitley, autor de *Impérios da mente*

Nesse livro você vai conhecer os importantes avanços da ciência da evolução humana e como suas descobertas se aplicam ao relacionamento entre homens e mulheres. Serão apresentadas algumas conclusões perturbadoras e controvérsias vão surgir, mas vamos nos reconhecer, entender muitas coisas e, certamente, aprender a conviver melhor.

Você vai saber, entre outras coisas:

- Por que as mulheres se desesperam com o silêncio dos homens.
- Por que os homens não devem mentir para as mulheres.
- Por que as mulheres são mais fiéis do que os homens.
- Por que os homens monopolizam o controle remoto.
- Por que as mulheres têm dificuldade de estacionar junto à calçada.
- Por que os homens detestam críticas.
- Por que, quando estressados, os homens se calam e as mulheres falam tanto.

POR QUE OS HOMENS MENTEM E AS MULHERES CHORAM?

Os humanos são infinitamente complicados. As mulheres dizem querer homens sensíveis, mas não sensíveis demais. Os homens não entendem essa sutil diferença. Não percebem que precisam ser sensíveis em relação aos sentimentos da mulher, mas duros e másculos em outras situações.

Para ter alguma chance de levar uma vida feliz e desfrutar a quota de prazer, emoção e enriquecimento que um bom relacionamento é capaz de proporcionar, precisamos entender as diferenças e aprender a melhor maneira de lidar com elas.

Por que os homens mentem e as mulheres choram? é o segundo degrau na escada do conhecimento sobre os relacionamentos. Para fazer esse trabalho, os autores viajaram por mais de 30 países, coletando e comparando informações, pesquisas e estudos científicos sobre o assunto.

O resultado é uma espécie de manual de instruções que responde às principais dúvidas em relação ao sexo oposto, de uma forma tão divertida que nos leva a rir das nossas próprias diferenças. Com histórias reais e soluções práticas, esse livro pode facilitar o diálogo com seu parceiro e melhorar a convivência entre vocês. Boa sorte!

COMO CONQUISTAR AS PESSOAS

Algumas pessoas parecem ter o dom natural de puxar conversa com estranhos e fazer amigos facilmente. Segundo Allan e Barbara Pease, especialistas em relacionamentos e linguagem corporal, o "carisma" dessas pessoas é uma qualidade que pode ser adquirida e aprimorada quando se tem acesso às informações certas.

São essas informações que eles reuniram, de forma objetiva e bem-humorada, nesse livro. Dividido em capítulos curtos, ele ensina técnicas para você ganhar a simpatia das pessoas logo no primeiro encontro.

Você vai descobrir que saber ouvir, elogiar e fazer os outros se sentirem importantes são atitudes fundamentais para conquistar a atenção de todos à sua volta. Com isso, você será capaz de ampliar suas relações e criar laços mais profundos e gratificantes.

Com base na vasta experiência de Allan e Barbara, que já venderam mais de 12 milhões de livros em todo o mundo, esse guia vai ajudá-lo a ser sempre lembrado como alguém sincero, gentil, agradável e bem-vindo, onde quer que esteja.

Será que a gente combina?

- Será que seu parceiro ouve e entende o que você diz?
- Será que os defeitos dele, que atualmente parecem tão insignificantes, não vão se tornar insuportáveis com o passar do tempo?
- Por que parece haver tantas diferenças no comportamento sexual de vocês?
- É possível manter a chama da paixão mesmo depois de muitos anos de relacionamento?

Esse divertido livro vai ajudar você a responder a essas e muitas outras perguntas. Com mais de 20 testes e questionários, ele esclarece alguns dos pontos que mais causam desentendimentos entre homens e mulheres, como o sexo, o romantismo, a sogra, a mentira e a falta de comunicação.

Escrito pelos renomados especialistas em relacionamentos e linguagem corporal Allan e Barbara Pease, *Será que a gente combina?* foi elaborado a partir das questões mais importantes dos livros *Por que os homens fazem sexo e as mulheres fazem amor?* e *Por que os homens mentem e as mulheres choram?*, que já venderam mais de 7 milhões de exemplares ao redor do mundo.

Com esse guia nas mãos, você e seu parceiro se entenderão melhor e conseguirão ter uma vida muito mais harmoniosa e feliz. Faça os testes e descubra se seu amor vai dar certo.

INFORMAÇÕES SOBRE OS PRÓXIMOS LANÇAMENTOS

Para saber mais sobre os títulos e autores
da EDITORA SEXTANTE,
visite o site www.sextante.com.br
ou siga-nos no Twitter @sextante.
Além de informações sobre os próximos lançamentos,
você terá acesso a conteúdos exclusivos e poderá participar
de promoções e sorteios.

Se quiser receber informações por e-mail,
basta cadastrar-se diretamente no nosso site.

Para enviar seus comentários sobre este livro,
escreva para atendimento@esextante.com.br
ou mande uma mensagem para o Twitter @sextante.

Editora Sextante
Rua Voluntários da Pátria, 45 / 1.404 – Botafogo
Rio de Janeiro – RJ – 22270-000 – Brasil
Telefone: (21) 2538-4100 – Fax: (21) 2286-9244
E-mail: atendimento@esextante.com.br